PETER GAYMANN

Alles Liebe?

arsEdition

Auf der Suche ...

3

Gestern war ich mal wieder in der 60-Grad-Kräutersauna. Plötzlich sitzt mir gegenüber ein Wahnsinns-Typ.

Wahnsinns-Typen sitzen nicht in der 60-Grad-Kräutersauna.

Junge Liebe

Du liebst mich, du liebst mich nicht...

Jetzt bin ich aber mal gespannt, wie das ausgeht.

T. GAY

Darf ich noch mit hochkommen? Ich würde
danach auch den Müll mit runternehmen.

Und dann kommt
der Alltag ...

28

Guck mal. Leo hat heute zum ersten Mal unsere Familie gezeichnet.
Wer bin ich?
T. GAY

Klaus und ich
hatten im ganzen
letzten Jahr nur
3 mal Sex
- falls dich das
überhaupt interessiert.

50 Cent

T. GAY

34

Und dann kommt der Alltag ...

Ist das nicht irre?
Vor nicht mal 24 Stunden
saßen wir noch in
Hamburg vor unseren
Computern.

Krisen & andere Baustellen

Was hast du?
Kannst du nicht
schlafen?

Ich mach
mir Sorgen.

Um wen?

Um uns!

Dann lass
mich wenigstens
schlafen.

In den 15 Jahren,
die wir uns jetzt
kennen, hat sich
die Technik ja rasant
entwickelt !

Und du ?

Dein Handy hat gepiept!
Hab's gehört!
PIEP
OH, SCHATZ! Du hast ja heut' Geburtstag! Und sagst kein Wort!
T. GAY

Nein, ich komm
nicht zu dir
zurück. – Ich habe
nur mein Handy-
Ladegerät vergessen.

P. GAY

50

Ein Selfie von Alex, mir und unserem Therapeuten.

Am Ende
wird alles gut?

An dem Tag, an dem wir uns hier vor 10 Jahren kennengelernt haben, hattest du ein blaues Hemd an und ich mein rotgepunktetes Kleid.

Ich weiß nur noch, dass an dem Tag der FC Bayern verloren hat.

Am Sonntag könnten wir mal ne Radtour machen oder mit Freunden grillen oder ins Theater gehen.

Ich dachte, wir wollten am Sonntag was Schönes machen.

T. 6AY

Am Ende wird alles gut?

Stell dir vor,
wir wären heute vor
20 Jahren nicht beide
zufällig in der gleichen
U-Bahn gesessen...

Wir beide – Schätzchen –
haben uns am 4. Juni
vor 17 Jahren auf
der Grillparty von
Frank und Claudia
kennengelernt.

Am Ende wird alles gut? 61

Am Ende wird alles gut?   63

Peter Gaymann, geb.1950 in Freiburg im Breisgau, gehört zu den erfolgreichsten und beliebtesten Cartoonisten in Deutschland. Nach dem Abschluss seines Studiums (Sozialpädagogik) in seiner Heimatstadt beschloss er bei einer Tasse Kaffee, seiner künstlerischen Leidenschaft nachzugehen und machte sich 1976 als humoristischer Zeichner selbstständig. Seitdem wurden über 70 Bücher von und mit ihm veröffentlicht, viele davon wurden Bestseller. Seine Markenzeichen wurden die Hühner, die mit dem Kürzel P. GAY in Zeitschriften und Zeitungen, auf Postkarten, Kalendern, Postern und Radierungen der breiten Öffentlichkeit bekannt wurden. 2014 wurde ihm die Ehre zuteil, nach Janosch und Loriot für die Deutsche Post zwei Briefmarken mit einer Auflage von 70 Millionen zu entwerfen.

Die Liste von Publikationen in Zeitungen und Zeitschriften ist lang. Für die Frauenzeitschrift »Brigitte« arbeitet er seit 1990. Seither bringt er in jedem Heft alle zwei Wochen in der Reihe »Die Paar Probleme« die Herausforderungen im Zusammenleben von Mann und Frau auf den Punkt.

Peter Gaymann hat zwei erwachsene Kinder und zwei kleine Enkel und lebt mit seiner Frau Viktoria Steinbiß-Gaymann in Köln. Neben seiner Familie liebt er Italien, insbesondere Rom. Hier hat er mal fünf Jahre gewohnt. Nicht nur in seinem Atelier, sondern auch in den Ferien und auf Reisen zeichnet er gerne.

© 2016 arsEdition GmbH, Friedrichstraße 9, 80801 München
Alle Rechte vorbehalten
Einzelabdruckrechte an den Zeichnungen von Peter Gaymann:
www.peter-gaymann.de
Porträt von Peter Gaymann: © Julian Gaymann, Köln
ISBN 978-3-8458-1330-1
2. Auflage

www.arsedition.de

MIX
Papier aus verantwor-
tungsvollen Quellen
FSC® C002795